Made in the USA
Middletown, DE
21 November 2022

15652804R00071